CW01213105

Libro de recetas de la máquina de pan

Más de 50 recetas de pan para hacer en casa

William Gutierrez

Reservados todos los derechos.

Descargo de responsabilidad

La información contenida en i está destinada a servir como una colección completa de estrategias que el autor de este libro electrónico ha investigado. Los resúmenes, estrategias, consejos y trucos son solo recomendaciones del autor, y la lectura de este libro electrónico no garantiza que sus resultados reflejen con precisión los resultados del autor. El autor del libro electrónico ha hecho todos los esfuerzos razonables para proporcionar información actualizada y precisa a los lectores de libros electrónicos. El autor y sus asociados no serán responsables de los errores u omisiones involuntarios que se puedan encontrar. El material del libro electrónico puede incluir información de terceros. Los materiales de terceros incluyen las opiniones expresadas por sus respectivos propietarios. Como tal, el autor de la

El libro electrónico tiene copyright © 2021 con todos los derechos reservados. Es ilegal redistribuir, copiar o crear trabajos derivados de este libro electrónico en su totalidad o en parte. Ninguna parte de este informe puede ser reproducida o retransmitida en cualquier forma reproducida o retransmitida en cualquier forma sin el permiso expreso por escrito y firmado del autor.

RESUMEN

INTRODUCCIÓN 6
PAN DE KEFIR, ESPELTE Y CENTENO CON LININAS Y MOLINO DE PAN 10
PAN - CEREZO - PASTEL 12
SOL SIEGFRIED 14
PAN DE GRANO ENTERO 16
MASA DE PAN / MASA DE ROLLOS 18
PAN DE ARÁNDANOS CANADIENSES 20
BROTES DE TRIGO 22
PAN COUS COUS CON BAMBÚ Y MIEL SALVAJE 24
EL PAN DEL GRANJERO 27
LOBIANI Y HATSCHIPURI - PAN GEORGIANO RELLENO DE FRIJOLES O QUESO 29
CEBOLLAS FRITAS DE LA ABUELA 32
BAGUETTE DE NOGAL Y ANACARDO 34
SCHNITZBROT SUIZO O HUTZELBROT 36
PAN INTEGRAL DE ESFELIZADO CON CEREALES 39
DELETEADO - PAN INTEGRAL PARA BANDEJA DE PAÑOS 30 42
PAN DE APULIO CON LEVADURA MADRE 45
PAN DE PATATA 48
FILADELFIA 50
JAMÓN AL HORNO EN PAN 52
PAN DE SEMOLINA INTEGRAL 54
POSTRE DE PAN VEGANO DE FRESA 56
PAN EN POLVO AL HORNO II 58
PAN DE BERLÍN 60

PAN DE BERLÍN 62
PAN DE FRITOS DE PATATA WESTERWALD.............. 64
PASTEL DE PATATA BULBENIK (PAN)........................ 66
PAN MALTÉS 68
PAN DE NOGAL Y CHOCOLATE...................................... 70
GRAN PAN DE KARIN SIN GLUTEN 72
RECETA PARA PREPARAR LAS HOJAS 75
ROLLOS RÁPIDOS DE LA BANDEJA 77
YEGUAS GRANJERAS DE MÜNSTERLÄNDER............ 79
ZAPATILLAS YOGURT 81
MASA DE PAN ÁCIDO 83
MIS ZAPATILLAS.. 85
PAN DE CAMPO WUPPERTAL 87
PAN DE CENTENO INTEGRAL CON MASA DE LECHE 91
ZAPATILLAS... 94
PAN DE GRANO ENTERO... 96
PAN INTEGRAL DE DELETE DE TIROL DEL SUR 98
MOLIENDA DE PAN Y ROLLOS 100
PAN DE CEBOLLA, QUESO Y JAMÓN 102
PAN SIMPLE 104
PAN DE PESTO CON ALBAHACA................................. 106
PAN BAJO EN COMBUSTIBLE CON SEMILLAS DE GIRASOL 108
PAN INDIO NAAN..110
DELICIOSO PAN CON MANTEQUILLA, DELETEADO Y HARINA DE TRIGO 112
PAN MÁGICO SIN GLUTEN 114
PAN NAAN...116

EL PAN VITAL DE DELFINA.. 118
CONCLUSIÓN 120

INTRODUCCIÓN

El pan es un alimento tradicional y conocido que existió en nuestras latitudes mucho antes que la papa, el arroz o la pasta. Dado que el pan no solo proporciona energía, sino también vitaminas, minerales y oligoelementos, el producto está predestinado como base de una dieta.

Pan como base dietética Pan como base dietética

La dieta del pan se desarrolló en 1976 en la Universidad de Giessen. Desde entonces, se han realizado numerosos cambios, pero se diferencian entre sí solo en los tonos. La base de la dieta del pan es el pan alimenticio con alto contenido de carbohidratos.

El pan está hecho de trigo, por lo que el pan puede diferir según el tipo y procesamiento del grano. Los productos con un alto contenido de cereales integrales se prefieren en la dieta del pan. Dichos panes se caracterizan por un alto contenido de oligoelementos y minerales, también contienen fibra. El pan blanco muy procesado no está prohibido en la dieta del pan, pero solo debe consumirse en pequeñas cantidades.

CÓMO FUNCIONA LA DIETA DEL PAN

La dieta del pan es básicamente una dieta que funciona reduciendo la ingesta de calorías. La cantidad total de energía para el día se reduce a 1200-1400 calorías en la dieta del pan. Con la excepción de una pequeña comida caliente hecha con productos de cereales, estas calorías solo se proporcionan en forma de pan.

No es necesario que sea carne seca, quark magro con hierbas o tiras de verduras. Casi no hay límites para la imaginación, lo que explica la gran cantidad de recetas para la dieta del pan. Las bebidas incluidas en la dieta del pan incluyen agua y té sin azúcar. Además, se toma una bebida a base de pan antes de cada comida para ayudar a la digestión y estimular el sistema inmunológico.

BENEFICIOS DE LA DIETA DEL PAN

A menos que se engañe a sí mismo al colocar los sándwiches, una ventaja de la dieta del pan, como ocurre con la mayoría de las dietas bajas en calorías, es el éxito rápido. Pero la dieta del pan tiene otros beneficios reales sobre otras dietas. La dieta puede diseñarse para que sea muy equilibrada, de modo que no espere síntomas de deficiencia.

Por lo tanto, en principio, una dieta a base de pan también se puede llevar a cabo durante un largo período de tiempo sin que se esperen efectos adversos para la salud. Otra ventaja es la facilidad con la que se puede realizar la dieta. La mayor parte de la comida está fría y se puede preparar. Como resultado, incluso una persona que trabaja puede completar fácilmente la dieta comiendo el pan que trajo consigo en lugar de comer en la cantina.

DESVENTAJAS DE LA DIETA DEL PAN

La dieta del pan no presenta desventajas particulares derivadas de su composición. Sin embargo, si la dieta del pan solo se hace temporalmente y luego se restablece al estilo de vida anterior, el temido efecto yo-yo también ocurre con la dieta del pan. Durante la fase de inanición de la dieta, la tasa metabólica basal del cuerpo disminuye.

Una vez finalizada la dieta, el aumento de peso se produce rápidamente y, por lo general, a un nivel más alto que antes del inicio de la dieta.

PAN DE KEFIR, ESPELTE Y CENTENO CON LININAS Y MOLINO DE PAN

INGREDIENTES

- 240 gr Kéfir (leche de kéfir)
- 180 gr Levadura natural, fermentada por el panadero o por ti
- 90 g Harina de centeno tipo 997
- 270 gramos Harina de espelta tipo 1050
- 8 g sal
- 4 g Levadura seca, aproximadamente 1/2 sobre
- 30 g Semilla de lino

PREPARACIÓN

Ponga todos los ingredientes en la panificadora exactamente en este orden. Así que primero los ingredientes líquidos, luego la harina y finalmente la levadura seca y las semillas de lino.

En el programa de cocción normal, seleccione 750 g de pasta y seleccione un grado de dorado fuerte (duración total de unas 3 horas). La función de preselección de tiempo hasta aprox. Incluso son posibles 12 horas. Entonces, cuando te levantes por la mañana, tendrás un pan de desayuno maravillosamente fragante, fresco y crujiente.

Si no dispone de masa madre fresca, puede utilizar 90 g adicionales de harina de centeno, 90 g de agua y un extracto de masa madre del supermercado o tienda naturista y mezclar hasta obtener una pulpa.

PAN - CEREZO - PASTEL

Porciones: 1

INGREDIENTES

- 1 vaso   Guindas, (contenido 680 g)
- 150 gr Pan (s), pan negro duro
- Cuarto Huevos)
- 150 gr azúcar
- 1 cucharadita   canela
- Mantequilla y pan rallado para la sartén
- Azúcar en polvo (después de cocinar)

PREPARACIÓN

Escurre las cerezas y desmenuza el pan negro. Engrase un molde para pan y espolvoree con pan rallado.

Ahora precaliente el horno a 180 grados (calor superior e inferior). Vencer a la

Huevos con azúcar hasta que estén espumosos. Incorpora la canela y el pan desmenuzado.

Verter la masa en el molde y esparcir sobre las cerezas.

Hornee el pastel en la rejilla central durante unos 50 minutos. Luego deja reposar el bizcocho en el molde durante 10 minutos, retíralo y déjalo enfriar por completo en un molde.

Finalmente espolvorear con azúcar glass al gusto.

SOL SIEGFRIED

INGREDIENTES

- 600 gr Masa (Siegfried de harina de trigo blando tipo 1050)
- 300g   Harina de trigo blando tipo 1050
- 150 gr Harina de trigo, trigo integral
- 170 ml Agua, tibia, posiblemente menos (alrededor de 150 ml)
- 2 cucharaditas sal marina
- ½ paquete   Levadura seca
- 70 g   Semillas de girasol

PREPARACIÓN

Convierta todos los ingredientes excepto las semillas de girasol en una masa suave (preferiblemente con un procesador de alimentos). Luego trabaje las semillas de girasol. Forme una hogaza con la masa, déjela reposar aprox. 2 horas y cortar varias veces antes de hornear.

Mientras cocina en la BBA, poner la masa en reposo en la máquina, luego cortar y hornear con el programa "sólo cocción" (duración: 1 hora).

O hornee el pan en el horno a 175-180 ° C durante 50-60 minutos.

PAN DE GRANO ENTERO

Porciones: 1

INGREDIENTES

- 500 g   Harina de trigo blando tipo al menos 550 o harina de espelta o centeno
- 250 gr harina de centeno
- 250 gr Harina integral o harina integral
- 100 gramos   Semillas de calabaza
- 100 gramos   Semillas de girasol
- 100 gramos   Semillas de lino, claras u oscuras
- 2 cucharadas y media, trabajadas   Sal, 3 las cucharas también están bien
- 3 cucharadas   Jarabe de remolacha
- 2 dados   Levadura fresca

- 1 litro   Mantequilla de leche

PREPARACIÓN

Las cantidades suministradas son suficientes para dos panes completos. Dado que el tiempo de cocción es bastante largo y la energía debe usarse con prudencia, recomendaría hacer siempre dos panes. El pan fresco también se puede congelar bien.

Primero ponga la levadura junto con el suero de leche y el sirope de remolacha en un recipiente de al menos 2 litros. Para ello calentar el suero de leche junto con el almíbar de remolacha a aprox. 35 ° C y luego desmenuzar la levadura. Es muy importante NUNCA exceder los 37 ° C, ya que esto destruirá las levaduras y el pan no se elevará correctamente. Luego, simplemente deje el bol sobre la encimera y deje que la levadura haga su trabajo.

Mientras tanto, prepara la mezcla de harina. Pese todos los ingredientes y colóquelos en un bol grande. Mezclar la mezcla de harina con los granos y la sal seca y luego hacer una fuente en el centro.

Ahora compruebe si la levadura se ha activado. La mezcla de suero de leche ahora debería burbujear y subir claramente.

Vierta la mezcla de levadura de suero de leche en el pozo previamente formado y mezcle todo en una masa homogénea. La masa tiende a estar líquida, así que no se sorprenda.

Después de amasar, poner la masa en dos moldes de horno (1,5-1,8 litros cada uno) y hornear en un horno precalentado a 150 ° C durante 2,5 horas en la rejilla central.

MASA DE PAN / MASA DE ROLLOS

Porciones: 1

INGREDIENTES

- 125 g   Harina (harina de trigo)
- 125 g   Harina de espelta
- 125 g   Harina (harina integral)
- 125 g   Harina (harina de centeno)
- 1 paquete   Levadura seca
- ¼ de litro   agua

PREPARACIÓN

Mide cada tipo de harina y tamiza en un bol. Luego agrega la levadura seca y mezcla con una cuchara para que la levadura seca se mezcle con la harina.

Ahora agregue el agua y amase primero con una batidora de mano y un gancho para masa. La masa ahora está un poco quebradiza, si trabajas toda la masa trabajas con las manos y formas una bola. Esta bola ahora permanece en el recipiente y se tapa y se coloca en un lugar cálido (por ejemplo, en la estufa). La masa debe subir ahora.

La masa se puede trabajar más cuando una pequeña hendidura, que se crea presionando suavemente con el dedo en la masa, desaparece inmediatamente nuevamente. Forma la masa como más te guste (sartén, ovalada, en rollo, etc.) y colócala en una bandeja para hornear forrada con papel pergamino o papel pergamino y hornea en el horno. Los panes o bollos se hornean a 200 grados hasta que alcancen el dorado deseado.

PAN DE ARÁNDANOS CANADIENSES

Porciones: 1

INGREDIENTES

Para pasta:

- 130 g   Arándanos (frutos secos)
- 150 ml Jugo de arándano o jugo de manzana
- 100 gramos   Nueces de pecán
- 100 gramos   Queso cheddar, cortado en cubos
- 125 g   Harina de espelta tipo 630
- 250 gr Harina de trigo blando tipo 550 plus 1 cucharadas extra para la mezcla de nueces
- 1 paquete   Levadura seca

- 250 ml Agua tibia
- ½ cucharadita sal
- 6 cucharadas   Aceite de colza
- 50 gramos   miel de maple

También:

- yema
- 1 cucharada   agua
- Algo gordo para la forma

PREPARACIÓN

Remoje los arándanos en jugo de arándano durante al menos 2 horas o durante la noche. Luego escurre bien las frutas en un colador.

Tamiza los dos tipos de harina. Mezclar la sal, la levadura seca, el agua, el jarabe de arce y el aceite y amasarlos con una masa de levadura. Déjalo ir hasta que el volumen se haya duplicado.

Mezcle los arándanos escurridos con el queso y las nueces y agregue una cucharada colmada de harina. Amasar la mezcla con la masa fermentada. Si la masa se pega demasiado, es posible que deba agregar un poco más de harina.

Engrasar un poco un molde para pan de 30 mm, verter la masa en él, alisarlo y dejar que suba hasta que suba al borde del molde. Mezclar las yemas de huevo con la cucharada de agua y esparcirlas con cuidado sobre la masa de pan.

Precalentar el horno a 180 °C arriba / abajo y hornear el pan durante unos 60 minutos, luego dejar enfriar sobre una rejilla.

BROTES DE TRIGO

Porciones: 1

INGREDIENTES

- 60 g   Cereales (centeno y trigo en grano)
- norte. B.   agua

PREPARACIÓN

Remoje los frijoles en agua en un recipiente de plástico poco profundo durante la noche. Coloque la tapa en ángulo, no la cierre. A la mañana siguiente, enjuague los brotes en un colador y luego regréselos al bol, distribúyalos uniformemente y vuelva a tapar. Ahora enjuague los brotes con agua todas las mañanas y noches.

Después de tres días, uso los brotes para el consumo o para hornear, o los guardo en el refrigerador durante 1 - 2 días para procesarlos.

PAN COUS COUS CON BAMBÚ Y MIEL SALVAJE

- 420 gr Harina de espelta (harina integral)
- 20 g Levadura fresca
- 1 cucharada   sal
- 1 cucharada   Miel, (miel de bosque)
- 150 ml Agua tibia para la masa de pan
- 100 gramos   cuscús
- 150 ml Agua hirviendo para el cuscús
- 125 g   Brotes de bambú, del vaso.
- Grasa para cocinar o cocinar platos

PREPARACIÓN

Poner 100 g de cuscús en un bol, añadir agua hirviendo y mezclar bien. Después de 10 minutos, inflar con un tenedor.

Mientras tanto, corta los brotes en trozos pequeños y agrega el cuscús.

Vierta la harina en un bol, mezcle la sal, haga una fuente y agregue la miel.

Disuelva la levadura en agua tibia y vierta sobre la miel.

Amasar la masa en forma gruesa, luego amasar la masa de brotes de cuscús.

Amasar bien la masa hasta que ya no se pegue al borde del bol. Eventualmente agregue un poco más de harina.

Coloque una toalla sobre el recipiente y déjelo reposar durante 30 minutos.

Engrase una fuente para hornear pequeña, redonda u ovalada (la masa ha subido tanto que ya no cabe en una sartén normal) y agregue la masa.

Coloque en el horno frío, a la segunda parrilla desde abajo y hornee por 30 minutos a 200 grados arriba / abajo.

Llene previamente la bandeja de goteo en el fondo del horno con agua o coloque un tazón de horno con agua en el fondo del horno.

Después de 30 minutos, baje el fuego a 180 grados y hornee por otros 60 minutos.

Durante los últimos 30 minutos he puesto papel de aluminio sobre el pan para que la corteza no se oscurezca demasiado, pero cada uno como quiera para sí.

Este combo de pan se creó porque no me gusta mucho el cuscús, pero todavía tenía algunas sobras en stock y porque a veces usaba brotes de bambú de un frasco, pero todavía quedaba algo en el frasco, así que ¿por qué no hornear pan de eso.

Contrariamente a mis propias expectativas, ¡resultó ser realmente delicioso!

EL PAN DEL GRANJERO

Porciones: 1

INGREDIENTES

- 500 g   Harina de trigo blando tipo 1050
- 250 gr Harina de centeno tipo 1150
- 20 g   levadura
- 10 g   azúcar en polvo
- 30 g   Miel, mas liquida
- 15 g   manteca
- 75 g   Levadura natural, más líquida
- 20 g   sal
- 500 ml Agua tibia oa temperatura ambiente.
- Aceite de cuenco
- Harina para trabajar y para espolvorear

PREPARACIÓN

Desmenuza la levadura y disuélvela con el azúcar glass en 2 cucharadas de agua a temperatura ambiente. Mezclar la mitad de la harina de trigo y centeno y amasar con agua (preferiblemente con un gancho para masa).

¡No agregue la mezcla de levadura a la mezcla de harina y agua todavía! Deje reposar la premezcla durante 30 minutos.

Ahora agregue la mezcla de levadura con la otra mitad de la harina de trigo y centeno, la miel líquida, la mantequilla y la masa madre líquida a la masa previa y amase a fuego lento durante unos 2 minutos. Espolvorea con sal y mezcla todo a fuego medio durante unos 5 minutos.

Poner la masa en un bol ligeramente engrasado con aceite y cubrir con un paño y dejar reposar durante 45 minutos.

Coloque la masa sobre una superficie de trabajo ligeramente enharinada y forme un pan redondo con las manos enharinadas. Espolvorear con un poco de harina y colocarlos en una bandeja para hornear forrada con papel de hornear. Cubra y deje reposar por otros 45 minutos.

Precaliente el horno a 250 ° C (calor superior / inferior). Pon un recipiente con agua hirviendo en el fondo del horno. Hornea el pan en el tercio inferior durante 10 minutos. Baje la temperatura a 200 ° C y hornee por otros 50 minutos. (No se recomienda la circulación de aire).

LOBIANI Y HATSCHIPURI - PAN GEORGIANO RELLENO DE FRIJOLES O QUESO

ingredientes

- 450 gr harina de trigo
- 150 gr Harina de maíz
- 1 cubo Levadura o 1 paquete de levadura seca
- 250 ml Agua, temperatura ambiente
- 150 ml Kéfir, temperatura ambiente
- ½ cucharadita azúcar
- 1 cucharadita sal
- Huevos)
- 125 g Queso mozzarella

- 200 gr Queso feta o de pastor
- 100 gramos   Queso gouda
- 1 lata   Frijoles, aprox. 220 gr
- 120 gr Cubos de tocino o cubitos de tocino
- Mezcla de especias (Chmeli Suneli), por ejemplo según mi receta de la base de datos
- Salado
- Granos de cilantro

PREPARACIÓN

Batir el huevo, separar las yemas y las claras. ¡Refrigerar!

Disuelva la levadura fresca con un poco de agua. La levadura seca se puede agregar directamente a la harina. Pesar la harina, agregar la sal y el azúcar y mezclar bien. Si usa levadura fresca, haga un pozo, vierta la levadura derretida y cubra ligeramente con harina. Vierta con cuidado el kéfir y procéselo desde el exterior. Agrega el resto del agua según sea necesario. Amasar la masa hasta obtener una masa homogénea. Déjelo reposar durante 30 minutos. Amasar de nuevo y dejar reposar otros 30 minutos. A continuación, forme 6 bolas uniformes con la masa, enróllelas en harina y déjelas reposar aprox. 15-20 minutos.

Para los Hatschipuri:

Rallar y mezclar los quesos. Como el queso georgiano real no está disponible aquí, utilizo la mezcla mencionada, que ofrece un cierto equilibrio de "dureza" y "sabor" que se acerca. También es importante utilizar salmuera de feta (3-4 cucharadas). Luego agrega la mezcla con la clara de huevo, mezcla bien y refrigera.

Para los lobianos: drene el

Frijoles, recogiendo parte del caldo.

Triturar los frijoles en un bol, agregar los cubos de tocino / tocino. Sal si es necesario. Luego mezcle generosamente con

Chmeli Suneli, semillas de cilantro saladas y molidas. Si es necesario, suaviza la pasta con un poco de caldo de frijoles. 1-2 cucharadas deberían ser suficientes.

Estire las bolas de masa, la masa puede ser un poco más delgada por fuera.

Divida las masas en tercios y coloque una parte sobre la masa para untar. Aplanarlo un poco.

Tire del borde en un círculo hacia el centro, haciendo pequeños pliegues y presionando hacia abajo. Dar la vuelta y extender con cuidado hasta un espesor de 1-2 cm.

Distribuir en bandejas para horno y untar con yema de huevo. Hornee por convección a 200 grados durante unos 20-25 minutos.

¡Lobiami y Hatchipuri saben mejor cuando aún están calientes!

CEBOLLAS FRITAS DE LA ABUELA

Porciones: 3

ingredientes

- 1 kg Onion (sustantivo)
- 1 cucharadita de semillas de comino
- Sal y pimienta para probar
- 1 rebanada / n Pan, comida rancia, p. Ej. B. Fronteras
- 1 cucharada   Margarina para cocinar

PREPARACIÓN

Pelar y cortar las cebollas en rodajas. Calentar la margarina en la sartén. Agrega la cebolla y las semillas de comino. Sazone con sal y pimienta y saltee hasta que las cebollas estén esponjosas y bien cocidas.

Corta el pan en cubos y agrégalo a las cebollas. Freír unos minutos. Temporada para probar y servir.

Las papas al horno van bien entre sí.

BAGUETTE DE NOGAL Y ANACARDO

Porciones: 2

INGREDIENTES

- 75 g   Nueces
- 75 g   Anacardos
- 20 g   Levadura fresca
- 250 gr Harina de espelta (integral)
- 250 gr harina de trigo
- 1 cucharadita   sal
- Harina, para encimera

PREPARACIÓN

Pica en trozos grandes las nueces y los anacardos. Disuelva la levadura en 350 ml de agua tibia mientras revuelve. Mezclar los dos tipos de harina y sazonar con sal, verter la levadura derretida y amasar hasta obtener una masa homogénea con el gancho amasador de la batidora de mano. Amasar las nueces picadas y luego tapar y dejar leudar la masa en un lugar cálido durante aproximadamente 1 hora.

Cortar la masa por la mitad, formar 2 baguettes con las manos enharinadas. Colóquelos uno al lado del otro en una bandeja para hornear forrada con papel pergamino y déjelos crecer durante otros 45 minutos.

Hornee en un horno caliente, a fuego alto / bajo, a 225 grados durante unos 20 minutos.

Déjelo enfriar y disfrútelo fresco.

SCHNITZBROT SUIZO O HUTZELBROT

Porciones: 2

INGREDIENTES

- 500 g   Pera (s), entera seca (Hutzeln, p. Ej. Peras de agua suizas o peras asadas)
- 500 g   Las ciruelas, secas o ciruelas pasas se conservan semisecas sin hueso
- 40 g   Levadura fresca
- 1000 g Harina oscura (tipo 1060)
- 250 gr azúcar
- 500 g   Higos secos
- 125 g   piel de naranja

- 125 g   Cáscara de limón
- 250 gr Avellanas
- 250 gr Nueces
- 250 gr Almendras, sin pelar, molidas
- 250 gr Uvas Sultana
- 250 gr Pasas
- 30 g   Canela en polvo
- 1 cucharada   Anís, molido
- 1 pizca (s) de sal
- 2 litros Jugo de manzana fermentado (Mosto suabo)
- 20 almendras enteras

PREPARACIÓN

Remoje las Hutzeln (peras secas) en una cacerola grande con 1-2 litros de mosto durante la noche. Deje hervir al día siguiente y cocine a fuego lento con la tapa puesta hasta que las peras estén blandas. Vuelva a llenar repetidamente el mosto y el agua (en partes iguales) para cubrir las vainas. A medida que suben a la superficie, coloco un plato adecuado en los nudillos que los empuja hacia el líquido. Cortar las ciruelas pasas y los higos en cubos, picar la piel de naranja y la piel de limón, las avellanas y las nueces. Poner todo en un bol grande (usaremos una bandeja de plástico), agregar las almendras picadas, las pasas y las pasas. Espolvorea con canela, anís y sal. Los conos empapados cortan la pequeña parte dura al final de la pera, del tamaño de una lenteja,

Con un poco de caldo Hutzel caliente, levadura en polvo, un poco de azúcar y harina, hacer una pequeña masa previa hasta que suba.

Poner el resto del azúcar en la sartén con la masa. Trabajar todo junto y agregar poco a poco la harina. Vierta un poco de caldo Hutzel, para formar una masa ligeramente pegajosa y maleable. Es mejor trabajar en parejas: una persona sostiene la bañera. Luego espolvorear ligeramente todo con harina, tapar y dejar levar en un lugar cálido. Toma algo de tiempo.

En cuanto se rompa la harina, amasa de nuevo la masa y divídela en 10 partes iguales.

Forme panes y colóquelos en una bandeja para hornear forrada con papel pergamino. Blanquear las almendras enteras con agua caliente, para que la piel morena se pueda pelar fácilmente. Divida las almendras y presione cuatro medias almendras en cada uno de los panes con forma de tal manera que cree una cruz simbólica. Cubrir con un paño de cocina y dejar reposar durante la noche.

A la mañana siguiente precaliente el horno a 220 ° (horno de convección 190 °). Hornea el pan Hutzel durante 40-50 minutos. Observe siempre para que no se pongan negros en la parte superior. De lo contrario, baje la temperatura a tiempo. Los panes están listos cuando suenan huecos cuando golpeas el suelo. Cepille con el resto del caldo caliente, luego pula bien y déjelo enfriar. Déjelos reposar por uno o dos días más, luego sabrán realmente bien.

Luego envolvemos cada pan en film transparente. El Hutzelbrot (también llamado Schnitzbrot) se puede almacenar durante mucho tiempo, aprox. 2-4 meses. Compruebe una y otra vez que no se forme moho debajo del papel de aluminio, lo que puede suceder con el pan demasiado húmedo. Luego desempaque inmediatamente. Regalamos mucho como regalos de Navidad.

PAN INTEGRAL DE ESFELIZADO CON CEREALES

Porciones: 1

INGREDIENTES

- 80 gr Semillas de girasol
- 80 gr sésamo
- 80 gr Semilla de lino
- 250 gr Agua caliente
- 750 g Harina de espelta integral
- 12 g sal marina
- 42 gr Levadura fresca o 14 g de levadura seca
- 1 cucharadita azúcar
- 500 g Agua tibia

- 3 cucharadas vinagre de sidra de manzana
- Mantequilla o margarina para el molde

PREPARACIÓN

Coloque las semillas de girasol, las semillas de sésamo y las semillas de lino en un recipiente grande y vierta agua caliente sobre él. Cierre el recipiente con una tapa y deje los frijoles en remojo durante la noche, preferiblemente.

Agregue la harina de espelta integral y la sal al bol con los granos remojados y mezcle todo.

Poner la levadura con el azúcar en un vaso de precipitados y agregar gradualmente 500 g de agua tibia hasta que la levadura se haya disuelto por completo. Finalmente, agregue el vinagre de sidra de manzana al agua de levadura y agregue todo a la harina en el bol. Con una batidora de mano, mezcle todos los ingredientes con el gancho amasador hasta que se forme una masa suave.

Tapar la masa y dejar reposar durante dos horas a temperatura ambiente.

Engrase una sartén grande con mantequilla o margarina, vierta la masa en la sartén y déjela crecer durante otras dos horas.

Poner la masa en el horno frío y hornear a 200 ° C arriba / abajo durante unos 60 minutos. Retire el pan del molde y hornee por otros 10-15 minutos sin una sartén.

Deje que el pan terminado se enfríe sobre una rejilla.

El tiempo de cocción varía según el horno y la sartén. Si es necesario pinchar el pan con un palito de madera para comprobar que la masa se adhiere. En este caso, hornee el pan un poco más.

Consejo de Chefkoch.de: Dado que el contenido de cadmio en las semillas de lino es relativamente alto, el Centro

Federal de Nutrición recomienda no consumir más de 20 g de semillas de lino al día. El consumo diario de pan debe dividirse en consecuencia.

DELETEADO - PAN INTEGRAL PARA BANDEJA DE 30 PAÑOS

Porciones: 1

INGREDIENTES

- 675 g   Harina (harina integral de espelta)
- 30 g   levadura
- 1 cucharadita   sal
- ½ cucharadita Comino molido
- 1 cucharada   azúcar
- 500 ml Agua tibia
- Algo de margarina o mantequilla
- Semillas de girasol, semillas de sésamo, semillas de lino ...

PREPARACIÓN

Engrase un molde para pan (30 s) y espolvoree con semillas.

Mezclar la harina integral de espelta con sal, azúcar y semillas de comino.

Llene una taza medidora con agua tibia, desmenuce la levadura y disuélvala por completo.

Agrega el agua con levadura a la mezcla de harina y mezcla todo con el gancho amasador. (La textura de la masa ahora se parece a una masa dura en comparación con una masa de pan, ¡pero es cierto!)

Vierta la mezcla en la sartén preparada y alísela.

Poner el molde en el horno frío (¡esto es muy importante!) Y ahora poner el horno a 60 ° de aire caliente.

Tan pronto como la masa haya alcanzado la parte superior de la sartén, llevarla a 225 ° C y hornear durante otros 40 minutos.

Dejar enfriar en el molde unos 5 minutos y luego desmoldar.

 Si no te gusta el comino, puedes omitirlo o reemplazarlo con otras especias, pero sería una lástima, porque el comino mantiene el pan fresco durante mucho tiempo.

También puede hornear pan con trigo en lugar de espelta (¡es mejor que ambos estén recién molidos, debido a los nutrientes!)

 También puedes mezclar las semillas en la masa en lugar de espolvorearlas en el molde, pero luego no obtienen este Aroma inimitable.

Es mejor hornear pan en una sartén de hojalata negra, pero también funciona en otras formas.

Si no tiene un horno de convección, debe reducir los valores de aprox. 15-20°.

PAN DE APULIO CON LEVADURA MADRE

Porciones; 2

INGREDIENTES

- 120 gr Levadura natural (Levadura madre)
- 600 gr Harina (trigo blando al vapor o sémola de trigo duro italiano)
- 400 gr Agua tibia
- 20 g   Sal marina, del molino

PREPARACIÓN

Refresque la masa madre tres veces durante 8 horas a temperatura ambiente. Para ello, retirar 100 g de una madre

Lieveto existente y refrescarla con 50 g de harina de trigo blando tipo 550 y agua según la consistencia de la madre Lieveto. La levadura madre es una levadura madre hecha de manzanas, harina de trigo integral y agua. Lo he criado yo mismo y lo he estado usando durante semanas. Si no es necesario, se guarda en el frigorífico, pero conviene refrescarlo al menos una vez a la semana con 50 g de harina y agua. Esta es una masa madre muy delicada.

Tamizar la harina en un bol y formar un pozo. Vierta 400 g de agua tibia y mezcle con una cuchara hasta que toda la harina se haya humedecido y forme un bulto; tarda unos dos minutos. Tapar el bol y dejar reposar la masa a 24 ° C durante 2 horas para la autolisis.

Agrega la masa madre y amasa a mano; doblar con 2 dedos en el centro o con la cartulina de hojaldre; tarda aproximadamente un minuto. Tapar el bol y dejar

la masa se eleva durante 1 hora. Aplana un poco la masa, espolvorea con sal 10 g y dobla la masa desde el borde hacia el centro. Dar la vuelta a la masa, verter sobre los 10 g restantes de sal y volver a doblar uniformemente de borde a centro. Cubra el recipiente y déjelo reposar durante 30 minutos.

Ahora extienda y doble la masa tres veces cada 15 minutos. Desde el borde hacia el centro, gira un poco el bol y repite el proceso varias veces hasta formar una bola con una superficie lisa. La masa se vuelve muy elástica, casi gomosa.

Ahora repita el estiramiento y la flexión tres veces cada 30 minutos. La masa se vuelve cada vez más elástica; si lo cubres puedes ver que la pasta está burbujeando. Déjalo reposar una hora más.

Luego tápelo y déjelo madurar en el frigorífico durante al menos 12 horas (esto puede tardar hasta 72 horas). El resultado será un pan suave y extraordinariamente aromático.

Saca la masa del frigorífico 2 horas antes de hornear. Coloque la masa sobre una superficie de trabajo enharinada y forme un rectángulo golpeándola suavemente. Estire los lados cortos y dóblelos en el centro, ahora enróllelos desde el lado corto como una toalla de playa. Triturar hasta formar una bola firme y dejar reposar 30 minutos.

Precaliente una sartén de hierro fundido en el horno a fuego alto / bajo a 250 º C. Luego muele la masa en una bola y córtela con una cuchilla de afeitar, uno o dos cortes oblongos.

Coloca la hogaza sobre papel pergamino y colócala en la sartén precalentada. Tape y cocine por 45 minutos en la rejilla más baja. Luego retire la tapa y hornee por otros 15 minutos (nuestra estufa solo toma alrededor de 7-10 minutos).

Deje enfriar el pan sobre una rejilla y ábralo a más tardar 2 horas después. De lo contrario, todo lo que necesitas hacer

es práctico, práctico, práctico: el pan es diferente cada vez, la harina juega un papel (cada bolsa de nuestro molinero es ligeramente diferente), la temperatura, el agua y la masa madre juegan un papel; también déjelo ir o estírelo y dóblelo.

Con esta receta básica también preparo pan fuerte y sustancioso. Para hacer esto, solo se cambia la harina. Harina integral de centeno, harina integral, harina de espelta.

PAN DE PATATA

Porciones: 1

INGREDIENTES

- 300g   Papas al horno, peladas, enfriadas
- 250 gr Harina (harina de centeno integral)
- 250 gr agua
- 150 gr Levadura natural (masa madre de centeno integral)
- 450 gr Harina suave
- 2 cucharadas   sal
- ½ cucharadita Cilantro, molido
- 1 cucharadita   semillas de comino
- 1 paquete   Levadura (levadura seca) o 1 cubo de levadura

PREPARACIÓN

Mezclar bien el puré de papas tibio con la harina integral, la masa madre y el agua (para papas frías use solo agua caliente) (consejo: la forma más fácil es poner los 4 ingredientes en el procesador de alimentos y dejarlos picar) y dejar reposar. durante la noche en un tazón más grande.

Añadir los demás ingredientes, amasar hasta obtener una masa (posiblemente añadir un poco más de agua) y dejar reposar durante 1 hora tapado en un lugar cálido, amasar de nuevo brevemente, formar dos panes, pincelar con agua, cortar en diagonal con un cuchillo alzado. de nuevo durante media hora.

Hornee durante unos 60 minutos a 220 grados.

FILADELFIA

Porciones: 1

INGREDIENTES

- 200 gr Galleta (pan ruso)
- 75 g   manteca
- 250 gr Bayas mixtas, congeladas
- 600 gr Queso Crema (Filadelfia)
- 300g   Yogur, 0,1% de grasa
- 5 cucharadas   Mermelada (mermelada de bayas)
- 6 hojas Gelatina, blanca
- 75 g   azúcar

PREPARACIÓN

Tiempo total aprox. 3 horas y 30 minutos

Coloca el pan ruso en una bolsa para congelador y desmigaja con un rodillo. Derretir la mantequilla, mezclar con las migas y presionar en un molde de primavera engrasado.

Licúa las bayas. Mezclar el Philadelphia con el yogur y la mermelada de frutos rojos. Remojar la gelatina, exprimirla y calentarla con el azúcar y el puré de frutas hasta que se disuelva. Mezclar rápidamente la crema. Pon todo en el molde y refrigera por 3 horas. Decora con frutos rojos al gusto.

JAMÓN AL HORNO EN PAN

Porciones: 1

INGREDIENTES

- 1 ½ kg Kasseler (peine)
- 2 ½ kg Masa (masa de pan negro) del panadero
- sal y pimienta
- 1 pizca (s) de albahaca
- 1 pizca (s) de ajo en gránulos o crema de ajo, si es posible

PREPARACIÓN

Mezclar sal, pimienta, albahaca, una pizca de ajo u otro (al gusto). Frote el Kasselerkamm con una mezcla de especias el día anterior y refrigérelo.

Extienda la masa de pan uniformemente (1-2 cm de grosor) (no demasiado fina, de lo contrario el jugo ablandará la masa). Frote de nuevo el jamón con la mezcla de especias y enróllelo en la masa. Asegúrate de que el jamón esté completamente cubierto y de que la masa esté bien cerrada. Marque ligeramente la parte superior de la masa.

Cocine todo en una bandeja para hornear forrada con papel pergamino (preferiblemente una rejilla) en la rejilla central a 200 ° C durante 4 horas. Corta la corteza lo más que puedas por encima y generosamente para que puedas cortar el jamón y servirlo como está (no por los lados).

La corteza se endurece bastante durante la cocción, pero un consejo: la masa del interior es absorbida por la salsa, ¡tiene un sabor extremadamente delicioso!

PAN DE SEMOLINA INTEGRAL

Porciones: 1

ingredientes

- 300 ml Agua tibia
- 1 paquete   Levadura (levadura seca)
- 4 cucharadas   aceite de oliva
- 150 gr Grano de maíz
- 350 gr Harina (harina integral)
- 4 cucharadas   Estragón
- 1 cucharada   albahaca
- ½ cucharadita sal marina

PREPARACIÓN

Primero ponga la levadura en el recipiente y vierta el agua tibia sobre ella. La levadura seca primero debe absorber el líquido y volverse un poco más activa, luego esperar una buena media hora.

Ahora agregue los ingredientes uno tras otro: harina, albahaca, estragón, aceite de oliva, sal y sémola de maíz.

Ponga la máquina en pan integral y 500 g de pan. Esto era.

POSTRE DE PAN VEGANO DE FRESA

Porciones: 8

INGREDIENTES

- 450 gr Un pan, un día de edad, cortado en cubos
- 230 ml Leche de almendras (bebida de almendras)
- 3 cucharadas   almidón alimenticio
- 230 ml Leche de coco
- 120 ml azúcar
- 2 cucharadas   Zumo de limón recién exprimido
- 1 cucharada   Extracto de vainilla puro
- ½ cucharadita Canela en polvo

- 460 gramos Fresas, cortadas en rodajas de 1 cm de grosor
- Para el glaseado:
- 230 gr azúcar en polvo
- 1 cucharada Leche de almendras (bebida de almendras)
- ½ cucharadita Extracto de vainilla puro
- 1 cucharada Aceite (aceite de coco) refinado, disuelto

PREPARACIÓN

Precalienta el horno a 180 grados centígrados. Engrase ligeramente una sartén (preferiblemente cuadrada, 20 cm).

Pon los cubos de pan en un tazón grande. Mezclar la leche de almendras con el almidón en otro bol para que se derrita. Mezclar la mezcla de almidón de leche con la leche de coco, el azúcar, el jugo de limón, el extracto de vainilla y la canela y verter sobre el pan. Mezclar todo bien. El pan debe cubrirse adecuadamente. Déjalo reposar durante 15 minutos para que el pan se absorba bien. Incorpora las fresas y coloca todo en la sartén cuadrada. Extiéndalo bien, debe quedar relativamente plano. Cocine durante 30-35 minutos, hasta que comience a tomar un color marrón claro y parezca firme al presionarlo. Mientras tanto, agregue el azúcar glas a un tazón grande para el glaseado. Agregue la leche de almendras, el extracto de vainilla y el aceite de coco y mezcle hasta que quede suave.

PAN EN POLVO AL HORNO II

Porciones: 1

INGREDIENTES

- 200 gr Escanda - trigo integral, molido
- 150 gr Centeno - grano integral, molido
- 150 gr Cebada (cebada desnuda), molida
- 1 pizca (s) de azúcar morena
- 1 cucharadita de sal
- 1 bolsa / n Levadura para hornear (tártaro)
- 2 cucharaditas Mezcla de especias para pan O
- Comino, cilantro, anís + hinojo entero o mixto,
- 450 ml Agua mineral con gas

PREPARACIÓN

Deje que todos los ingredientes secos se mezclen. Agregue unos 450ml de agua mineral con gas, en un nivel bajo, es suficiente, deje que se mezcle bien, 5-8 minutos, esto también crea una buena miga.

Vierta aprox. 750 ml de agua en una bandeja colectora debajo de los moldes de cocción.

Ponga la masa en una bandeja para hornear pequeña forrada con papel pergamino o forme una hogaza pequeña, corte la masa + hornee.

Como no vale la pena usar el horno para este pancito, hago tres panes a la vez. Hornee en horno frío a 160 º C durante aprox. 60-70 minutos.

Muestra de aguja.

PAN DE BERLÍN

Porciones: 1

INGREDIENTES

- 500 g   Harina
- 500 g   azúcar
- 160 gr manteca
- 250 gr Almendras, granos enteros, con cáscara
- 2 cucharadas   cacao
- 2 proteínas
- Huevos)
- 2 cucharaditas Canela en polvo
- ¼ de cucharadita   Pimienta de Jamaica, tierra
- 1 paquete   Levadura en polvo
- 1 pizca (s)   sal

- yema

PREPARACIÓN

Precalienta el horno a 180 ° C (calor superior / inferior). Cubre una bandeja para hornear con papel pergamino.

Mezclar el azúcar, la mantequilla, las claras y el huevo. Mezclar la harina con las especias, el cacao y la levadura en polvo, agregar a las almendras.

Extienda en la bandeja de horno, pinte con yema de huevo, hornee durante unos 30 minutos. Cortar en tiras calientes. El pan es muy duro al principio, después de unos días se vuelve suave y blando.

PAN DE BERLÍN

Porciones: 1

INGREDIENTES

- 250 gr Caramelo de roca (caramelo de miga)
- 150 ml Leche o leche de soja
- 250 gr Harina
- 1 cucharadita de levadura en polvo
- 125 g   Nueces, mezcladas
- 1 cucharadita de canela
- 1 cucharadita de clavo molido
- 1 cucharada   Polvo de cacao
- 1 disparo   Tal vez un poco de ron

PREPARACIÓN

Disuelva el algodón de azúcar en la leche a fuego lento (esto lleva mucho tiempo). Pese las nueces y pique aproximadamente la mitad, dejando el resto entero. Cuando el caramelo de roca se haya disuelto en la leche, deje que la mezcla se enfríe hasta "tibia", revolviendo ocasionalmente, porque no debe congelarse. Ahora amasa todos los ingredientes hasta obtener una masa tersa (la masa quedará bastante firme).

Poner la masa en forma engrasada (20 x 30 cm) y alisarla o presionarla con las manos mojadas. Hornea el pan a 180 °C durante aproximadamente media hora, apágalo e inmediatamente córtalo en cubos. Almacenar en una lata cerrada.

El pan se endurece bastante, pero sabe delicioso.

PAN DE FRITOS DE PATATA WESTERWALD

Porciones: 1

INGREDIENTES

- 400 gr Harina, tipo 550
- 5 m de ancho   Papa
- Huevos)
- 1 cubo levadura
- 1 cucharadita colmada   sal
- 130 ml Leche calentada
- 130 ml Agua fría

PREPARACIÓN

Lavar, pelar y rallar las patatas crudas (como en las tortitas de patata). Agregue la leche caliente y luego vierta el agua fría.

Desmenuza con el polvo de hornear, agrega el huevo, agrega 1 cucharadita de sal y agrega la harina. Amasar todo hasta obtener una masa homogénea (con las manos o con el robot de cocina). La masa hay que amasar bien para que las patatas ralladas se distribuyan uniformemente en su interior.

Deje reposar la masa en un bol en un lugar cálido durante unos 30 minutos.

Amasar de nuevo brevemente con las manos y llenar en una sartén o en un molde para pan y tapar y cocinar durante aproximadamente 1 hora.

Precalienta el horno a 220 º C.

Coloque el molde en la rejilla inferior durante 20 minutos a 220 º C, luego vuelva a bajar la temperatura a 200 º C y hornee el pan durante otros 30 minutos.

Retirar del molde y, si es necesario, hornear durante otros 10 minutos sin el molde sobre una rejilla, de modo que se forme una bonita costra dorada por todos lados.

PASTEL DE PATATA BULBENIK (PAN)

Porciones: 1

INGREDIENTES

- 1 kilogramo   Patatas, crudas
- 750 g   Harina
- 10 g de levadura
- 250 ml Agua tibia
- 2 huevos)
- 60 ml   Aceite (aceite de girasol)
- 1 ½ cucharadita   sal

PREPARACIÓN

Tamiza la harina en un bol. Disuelva la levadura en agua tibia y déjela reposar en un lugar cálido durante unos 10 minutos. Trabajar junto con la harina para formar una masa elástica con levadura. Cubre la masa terminada y déjala crecer durante unos 30 minutos.

Mientras tanto, rallar finamente las patatas y escurrirlas por un colador. No es necesario escurrirlos en un paño, solo escurrirlos. Mezclar con los huevos, el aceite y la sal. Agregue a la masa de levadura y amase. Si es necesario, agregue un poco más de agua. Tapar de nuevo y dejar reposar durante 20 minutos.

Mientras tanto, precalentar el horno a 180 ° C ventilado. Engrase una bandeja para hornear (o 2 moldes para tartas). Una vez transcurrido el tiempo de reposo, extienda la masa en la forma deseada y colóquela en la bandeja para hornear / formas de tarta.

Hornee en un horno precalentado durante aproximadamente 1,25 horas.

Va bien con platos con mucha salsa como salsa de carne, gulash y embutidos. carne, ya que absorbe muy bien las salsas. Pero también sabe delicioso simplemente cubierto de mantequilla.

PAN MALTÉS

Porciones: 1

INGREDIENTES

- 600 gr harina de trigo
- 10 g   sal
- 15 g   azúcar
- 15 g   margarina
- 25 g   levadura
- 345 ml Agua tibia
- 1 cucharada   Leche

PREPARACIÓN

Mezclar la harina con la sal en un bol. Agrega los demás ingredientes y mezcla todo bien durante unos 10 minutos.

Cubre bien el bol con un paño húmedo y déjalo reposar durante una hora en un lugar cálido.

Luego divide la masa en tres partes, cada una forma un pan plano y colócala en una bandeja para hornear. Cortar las hogazas, espolvorear con harina y dejar reposar otros 15 minutos.

Hornee el pan en un horno precalentado a 230 ° C durante unos 10 minutos, luego baje a 200 ° C y termine de cocinar en unos 30 minutos más.

El método de batido se puede utilizar para determinar si el pan está listo: si está listo, suena hueco.

PAN DE NOGAL Y CHOCOLATE

Porciones: 1

INGREDIENTES

Para pasta:

- 400 g de harina
- 1 paquete de levadura seca
- 50 g de azúcar
- 1 pizca (s)   sal
- Huevos)
- 125 g de queso crema
- 5 gotas Sabor a almendra amarga

Para el relleno:

- 50 gramos   Pasas
- 2 cucharadas   Ron
- 100 gramos   Hojuelas de almendra
- 75 g   Chips de chocolate
- 4 cucharadas   salsa aramello

También:

- Harina para trabajar
- yema
- 2 cucharadas   crema

PREPARACIÓN

Mezclar la harina con el polvo de hornear. Agregue el azúcar, la sal, el huevo, la crema agria y el sabor a almendra y mezcle. Deje reposar la masa durante 1 hora.

Sumerge las pasas en el ron. Estirar la masa sobre una tabla de repostería enharinada formando un rectángulo de unos 30 x 40 cm. Mezclar las pasas de ron con la salsa de almendras, chocolate y caramelo. Repartir sobre la masa dejando un pequeño borde. Enrolle desde el lado largo. Corta el rollo a la mitad a lo largo y retuerce con cuidado las dos partes para formar una cuerda. Forma una guirnalda en la bandeja para hornear y déjala reposar durante 10 minutos.

Precalienta el horno a 200 grados. Mezclar las yemas de huevo con la nata y untar la masa. Hornee por unos 35 minutos.

GRAN PAN DE KARIN SIN GLUTEN

Porciones:

INGREDIENTES

- 2 tazas / n de harina mixta (almidón de maíz, harina de papa, harina de arroz)
- 1 taza   Avena, abundante
- 0.33 taza de trigo sarraceno
- 0.33 taza de semillas o nueces, mezcladas (girasol, calabaza, etc.)
- 1 cubo Levadura fresca o levadura seca *
- 1 cucharada   azúcar

- 2 cucharadas Vinagre de sidra de manzana o vinagre balsámico
- 2 cucharaditas sal

PREPARACIÓN

Mezclar la levadura con el azúcar en una taza de agua tibia; Ojo, cuanto más se multiplique más es mejor coger un vaso grande y llenarlo solo hasta la mitad. Poner a un lado.

Mientras tanto: Coloque la harina, los copos de avena, el trigo sarraceno (aproximadamente 1 puñado), las semillas y las nueces (aproximadamente 1 puñado) en el procesador de alimentos y mezcle todo seco.

Luego agregue la mezcla de levadura bien fermentada, el vinagre (preferiblemente balsámico oscuro por el color) y la sal y mezcle todo bien. Prepara la jarra de levadura con más agua tibia y agrégala poco a poco hasta formar una masa suave. Ahora ponle un paño de cocina (para que la masa no tenga corrientes de aire) y déjalo reposar durante unos 30 minutos.

Revuelva nuevamente y transfiera a una bandeja para hornear forrada con papel pergamino. Deje reposar durante otros 30 minutos.

Hornee en FRÍO y hornee a 175 º C a fuego alto / bajo durante aproximadamente 1 hora. Prueba de saliva: si la brocheta aún está húmeda al sacarla, hornee por otros 10 minutos.

Después de enfriar (durante la noche), córtelo en rodajas y congele individualmente, lo que no es necesario de inmediato. Dado que no hay aditivos en el pan, es muy perecedero.

Sácalo del congelador 5 minutos antes de comerlo, déjalo descongelar a temperatura ambiente, luego estará fresco.

Personalmente, sabe mucho mejor que el pan sin gluten comprado, lo mantiene lleno por más tiempo, no contiene aditivos y es mucho más barato.

Cuando use levadura orgánica, asegúrese de que esté etiquetada como "sin gluten". Este no es el caso de todas las levaduras orgánicas.

RECETA PARA PREPARAR LAS HOJAS

Porciones:

INGREDIENTES

- 600 gr Centeno, finamente molido (harina de centeno integral)
- 1.250 ml de agua
- 3 cucharadas   Suero de leche, tibio o con leche

PREPARACIÓN

El primer día, muele 200 g de centeno en harina de centeno integral fina, mezcle bien con 250 ml de agua tibia y suero de leche (leche) y colóquelo cubierto en un recipiente grande en un lugar cálido a unos 24 grados.

Después de 24 horas, agregue 100 g de centeno fresco finamente molido y 250 ml de agua, mezcle bien y mantenga caliente.

Repite todo el proceso 3 veces más. Descubrirá que se forman hermosas burbujas de aire después de solo un día. Después de solo dos días, la masa madre comienza a tener un olor agrio agradable.

Con esta receta puedes hornear maravillosos panes de masa madre. Puede mantener la masa madre sellada en el refrigerador durante 6-8 semanas.

ROLLOS RÁPIDOS DE LA BANDEJA

Porciones: 1

INGREDIENTES

- 150 gr Escanda, recién molida
- 50 gramos   Harina de trigo blando, 550 s
- 2 cucharadas   polenta
- 1 cucharada   Aceite de oliva virgen extra
- ½ cucharadita sal
- 15 g   Levadura en polvo
- 2 cucharadas Cereales, mixtos (linaza, girasol, calabaza, semillas de amapola)
- 120 ml agua

PREPARACIÓN

Mezclar todos los ingredientes para formar una masa y formar 4 bollos pequeños y aplanarlos un poco. Calentar una sartén forrada a fuego medio, colocar los bollos en la sartén y cocinar / freír por cada lado durante unos 12 minutos a fuego más bajo con la tapa cerrada, hasta que adquieran un color marrón claro.

Cocino con una estufa de gas, por lo que no puedo dar ninguna información sobre ninguna otra fuente de calor.

YEGUAS GRANJERAS DE MÜNSTERLÄNDER

Porciones:

INGREDIENTES

Para la masa previa:

- 200 gr Harina de centeno integral
- 2 g de levadura
- 300 ml agua tibia
- Para la masa principal:
- 950 g Harina de trigo blando tipo 550
- 350 gr Mantequilla de leche
- 50 gramos manteca
- ½ cubo levadura

- 2 cucharadas. sal
- Harina para la superficie de trabajo

PREPARACIÓN

La noche anterior, para la mezcla previa de centeno, disuelva la levadura en el agua y agregue la harina de centeno. Dejar reposar a temperatura ambiente.

El día de la cocción, mezcle bien la masa previa de centeno con los demás ingredientes. Forme un rectángulo con las manos o apriételo y doble la masa por los lados derecho e izquierdo, gire un poco y vuelva a doblar.

Dejar reposar durante 45 minutos. Enharina un paño de cocina y colócalo en una cacerola o colador. Corte la masa por la mitad, colóquela en la superficie de trabajo y mire por todos lados para formar una bola. Coloque la masa en el bol o colador, con el lado liso hacia arriba. Dejar reposar durante 1,5 horas.

Precaliente la estufa eléctrica a 250 °, llene la bandeja colectora con agua por el fondo. Coloque las dos bolas de pan en la bandeja para hornear enharinada con el lado irregular hacia arriba. Hornee por 10 minutos a 250 °, luego por otros 40 minutos a 190 °.

Nota: si hay que hacerlo rápido, bastan 3-4 horas de descanso para el pre-amasado.

ZAPATILLAS YOGURT

Porciones: 1

INGREDIENTES

- 130 g   Yogur (beber yogur)
- 2 cucharaditas Azúcar más fina
- 1 cucharadita, nivelada   sal
- 10 g   Levadura seca
- 190 g de harina de trigo blando tipo 405
- 3 cucharadas de aceite de oliva virgen extra
- norte. B. Harina para espolvorear
- norte. B. Grasa para lata

PREPARACIÓN

Calentar el yogur pesado a 30 ° C. Disolver el azúcar, la sal y la levadura. Deje actuar la levadura durante 10 minutos.

Pesar la harina en un bol y amasarla con la levadura hasta obtener una masa desmenuzable. Amasar en 2 cucharadas de aceite de oliva y amasar durante al menos 12 minutos hasta formar una masa suave y brillante. Formar un zapato típico, colocarlo en una bandeja de horno engrasada, pincelar con el resto del aceite de oliva y espolvorear con un poco de harina y dejar leudar tapado aprox. 8 horas a aprox. 30 ° C.

Precalentar el horno (con un plato en el corredor inferior, lleno de agua caliente) a 200 ° C de temperatura alta / baja.

Cocine la chapata en la parrilla central a fuego más bajo durante 35 minutos hasta que adquiera un color marrón claro. Pasados los 10 minutos, baje el fuego a 180 ° C.

Consuma la ciabatta en 1-3 días.

Nota: Ciabatta es un término que inicialmente se refiere a la forma y en dialecto se refiere a una zapatilla gastada, un pino de montaña. Típico de una masa ciabatta es el largo tiempo de cocción de hasta 12 horas (dependiendo de la temperatura), que tiene en común con la baguette. La textura de poros anchos del pan es otra característica y requiere una harina con un alto contenido de gluten. El azúcar hace que la levadura encuentre suficiente alimento para que aparezcan los poros. Fermenta completamente a las 8 horas. El largo tiempo de cocción le da a la ciabatta un típico sabor ligeramente amargo que no tiene una turbo ciabatta.

MASA DE PAN ÁCIDO

Porciones: 1

INGREDIENTES

- 200 gr harina de centeno
- 1 taza   Masa madre, pregúntale al panadero
- 2 taza   Agua tibia
- 1000 g Harina de trigo o harina integral
- 1 ½ cucharada de sal
- 700 ml Agua, l
- 10 g de mantequilla

PREPARACIÓN

El día antes:

Mezclar 200 g de harina de centeno con 2 tazas de agua y la levadura madre y dejar reposar en un lugar cálido durante la noche.

El día de la preparación:

Retire 1 taza de masa madre y vuelva a colocarla en el refrigerador para la siguiente cocción (se puede almacenar durante varias semanas).

Unte con mantequilla dos moldes de pan de 1 kg.

Agregue 1000 g de harina a la masa madre y mezcle 1.5 cucharadas de sal con la harina. Agrega 700 ml de agua y mezcla todo bien. La masa se puede hacer a mano o con una máquina y debe tomar de 3 a 5 minutos para que el pan se derrita. Estirar la masa sobre los moldes. Alise con un poco de agua, esto crea una agradable corteza.

Déjelo reposar en el horno a 55 ° C durante aproximadamente 1-1,25 horas. También puede tardar más. La masa debe llegar a la parte superior.

Luego hornee a 160 ° C - 165 ° C durante 1 hora. Solo enciende el horno.

Cepille la corteza superior del pan terminado con agua para darle brillo al pan. Retire inmediatamente el pan del molde después de hornear. Si es necesario, afloje ligeramente el borde con una paleta.

MIS ZAPATILLAS

Porciones: 1

INGREDIENTES

- 190 g   Harina de trigo blando tipo 405 o harina ciabatta
- 120 gr Cerveza (pilsner o lager)
- 2 cucharaditas azúcar
- 1 cucharadita, nivelada   Sal o caldo de pollo (caldo Kraft)
- 2 cucharadas   aceite de oliva
- 10 g   Levadura seca
- norte. B.   Harina para espolvorear

PREPARACIÓN

85

Calentar la cerveza a 30 grados. Disuelva el azúcar, la sal y la levadura. Deje actuar la levadura durante 10 minutos. Pesar la harina en un bol y amasarla con la levadura hasta obtener una masa desmenuzable. Amasar en aceite de oliva y amasar durante al menos 12 minutos hasta que se forme una masa suave y brillante. Forma un zapato típico, colócalo en una bandeja de horno engrasada, espolvoréalo con un poco de harina y cúbrelo durante unas 8 horas a unos 30 grados.

Precalienta el horno con un plato lleno de agua caliente (en el nivel más bajo) a 200 grados y cocina la ciabatta a nivel medio a fuego más bajo durante 35 minutos hasta que se torne de color marrón claro. Consuma la ciabatta en 1-3 días.

Anotación:

Ciabatta es un término que inicialmente se refiere a la forma y en dialecto se refiere a una zapatilla gastada, un pino de montaña. Típico de una masa ciabatta es el largo tiempo de cocción de hasta 12 horas (dependiendo de la temperatura) que tiene en común con la baguette. La estructura del pan de poros grandes es otra característica y requiere una harina con un alto contenido de gluten. El azúcar hace que la levadura encuentre suficiente alimento para que aparezcan los poros. Fermenta completamente a las 8 horas. El largo tiempo de cocción le da a la ciabatta un típico sabor ligeramente amargo que no tiene un turbo kiabatta.

PAN DE CAMPO WUPPERTAL

Porciones: 2

ingredientes

- 500 g   Harina de trigo blando tipo 405
- 100 gramos   Harina de centeno tipo 1150
- 100 gramos   Harina de espelta
- 20 g   Malta de horno
- 1 cubo levadura
- 1 cucharada   azúcar
- Algo sobre el agua
- 1 cucharadita de sal
- 1 cucharadita de mezcla de especias para pan
- Harina para la superficie de trabajo

Para la masa madre:

- 400 gr Harina de centeno tipo 1150
- 400 gr Agua, 35 ° C

PREPARACIÓN

Para la preparación de levadura natural:

Prepara todo a temperatura ambiente. La temperatura del agua debe ser de 35 ° C.

Mezclar 100 g de agua con 100 g de harina de centeno y dejar reposar un día entero.

Vuelve a añadir 100 g de agua y 100 g de harina de centeno, mezcla y deja reposar hasta el día siguiente.

Al cuarto día, agregue 200 g de agua y 200 g de harina de centeno.

Ahora tenemos 800 g de masa madre. Vierta 100 g de esto en un vaso cerrado. Esto se mantendrá en el refrigerador durante una semana o más.

En el momento de la propagación de la masa madre, el día antes de su uso es necesario agregar 100 g de agua (35 ° C) y 350 g de harina de centeno.

Para el pan:

Ponga los 700 g restantes de masa madre en un bol. Mezclar la harina de trigo con el resto de la harina de centeno, la harina de espelta y la malta para hornear y verter sobre la masa madre en el bol. Con una cuchara haga dos cavidades en la harina. Poner la levadura desmenuzada, el azúcar y un poco de agua en una tarrina, sal y especias en la otra. Luego déjelo reposar durante 5 a 10 minutos hasta que la levadura se haya disuelto.

Ahora mezcla todo con el gancho amasador. La masa debe ser lo suficientemente firme y compacta. Agregue un poco de harina o agua según sea necesario. Luego espolvorea generosamente la superficie de trabajo con harina. Retirar la masa del vaso, amasar bien con las palmas de las manos durante 5 minutos, dividir y amasar cada mitad de nuevo durante al menos 3 minutos. La masa no tiene que ser pegajosa, tiene que ser fácil de quitar de las manos. Considero estos puntos particularmente importantes porque aquí es donde el pegamento de la harina se derrite.

Puede hornearlo como una caja de pan en una bandeja para hornear con papel pergamino, o como una barra de pan. Para hacer esto, se forman una o dos bolas.

Luego déjelo reposar en el horno a unos 40 º C durante 30-45 minutos hasta que la masa esté bien cocida. No lo dejes pasar demasiado tiempo, la variante lanzada en particular se vuelve plana y ancha rápidamente.

Sacar brevemente el pan del horno, cubrirlo con un paño y mientras tanto precalentar el horno a 200 º C. Una vez alcanzada la temperatura, verter 500 ml de agua en la bandeja de goteo. Esto luego comienza a evaporarse y asegura que la corteza no se endurezca demasiado.

El tiempo de cocción es de unos 40 a 50 minutos.

Cuando se enfríe, poner un poco de pan, por ejemplo en palillos chinos o similares, para que coja aire de abajo.

Variaciones:

Pan con cebolla o jamón: sofreír y amasar la cebolla o el jamón.

Pan de cereales: Las semillas de lino o similares también combinan bien con la masa.

Un poco más de azúcar: esto no dulcifica el pan, sube un poco mejor. Solo inténtalo.

No divida la masa, solo un trozo grande de pan; definitivamente funcionará, el tiempo de cocción puede variar ligeramente.

Mayor proporción de centeno: sería deseable, pero la conclusión es que no funciona tan bien con la harina de centeno en el horno de su casa como en una panadería, porque los hornos tienen la capacidad de inyectar vapor. Por lo tanto, el porcentaje bastante alto de grano garantiza un buen éxito.

Harina molida gruesa, harina integral o similar: no he tenido buenas experiencias con esto, no se abre bien y no se cocina bien. Así que utilícelo como un aditivo, por ejemplo. B. en lugar de harina de espelta.

Espero recibir más sugerencias y experiencias con los cambios. También puedes soltarlo dos veces, cambiar el tiempo de caminata o la temperatura o algo similar. Le invitamos a probarlo.

PAN DE CENTENO INTEGRAL CON MASA DE LECHE

Porciones: 1

INGREDIENTES

Para la masa madre:

- 250 gr Agua muy caliente
- 250 gr Harina de centeno integral
- Para la masa principal:
- 300g   levadura natural
- 300g   Harina de centeno integral
- 300g   harina integral
- 260 gramos   Agua muy caliente
- 10 g   levadura

- 2 cucharaditas sal

También:

- norte. B. Harina de trigo integral
- norte. B. Aceite de girasol
- norte. B. Agua, muy caliente

PREPARACIÓN

Para la masa madre, mezclar 50 g de agua muy caliente y 50 g de harina de centeno integral orgánica en un bol durante 5 días y dejar reposar tapado en la cocina a una temperatura ambiente de unos 20 º C.

Después de unos días, se forman burbujas y la masa madre huele agria, tal vez a vinagre de sidra de manzana, cerveza o algo similar. Al sexto día, retire los 300 g de levadura madre necesarios y continúe con el resto durante el tiempo que desee hornear el pan. Si te vas de vacaciones, por ejemplo, la masa también se puede guardar temporalmente en el frigorífico.

Para el pan, mezcle ambos tipos de harina con la sal.

Mezclar 300 g de masa madre con 260 g de agua muy caliente en un bol.

Primero, mezcle la harina y la masa madre con una batidora de mano con gancho para masa. Luego continúe amasando a mano hasta que se forme una masa suave y quizás ligeramente pegajosa.

Ponga la masa en un bol en un horno precalentado a 50 º C a fuego alto / bajo (luego apague) durante 1 hora para recalentar.

Disuelva la levadura en un poco de agua tibia. Ahora trabaje en la masa caliente y amase una masa suave y ligeramente pegajosa con un poco más de harina integral.

Tapar la masa y dejar reposar en el horno durante 1,5 horas.

Retirar la masa del horno, colocarla en una bandeja de horno engrasada y marcar.

Precaliente el horno a 250 ° C de temperatura superior / inferior.

Vierta el pan y vierta una taza de agua en el horno (no sobre el pan). La neblina resultante mantiene la superficie del pan suave durante un tiempo.

Ahora hornee de la siguiente manera: 10 min a 250 ° C, luego 15 min a 200 ° C y finalmente 35 min a 160 ° C.

El pan ahora debe sonar hueco al golpear el fondo del pan. Si hay un termómetro disponible, utilícelo y ajústelo a una temperatura interna de 96 ° C.

Yo uso harina orgánica.

ZAPATILLAS

Porciones: 1

INGREDIENTES

- 1 ½ kg Harina
- 180 ml Leche o leche de soja
- 20 g de miel o azúcar
- 50 g de levadura
- 1,2 litros de agua
- 30 ml   Aceite de oliva o aceite neutro
- 25 g de sal

PREPARACIÓN

Si haces la receta completa, necesitarás un bol grande o, como hicimos en la cocina, un balde limpio de 10 litros, porque la levadura subirá.

Primero ponga 450 ml de agua, leche, miel, 25 g de levadura y 450 g de harina en el cubo o cuenco para la masa previa. Todo esto se mezcla con un batidor grande, no importa si hay algunos grumos, la levadura romperá los grumos mientras caminas. Luego cubra la masa previa con film transparente y déjela reposar durante aproximadamente 1 hora hasta que la masa se haya doblado aproximadamente.

Cuando la masa haya subido añadir los demás ingredientes y mezclar todo con una cuchara de madera, tapar de nuevo y dejar reposar aprox. 1,5 horas.

Mientras tanto, precalienta el horno a aprox. Calentar / bajar a 200 ° C y espolvorear 2 bandejas con harina. Distribuya la masa terminada en las bandejas de horno y dé forma a cada una en aprox. 3 panes pequeños oblongos. Espolvoree con un poco de harina y hornee en un horno precalentado durante unos 15-20 minutos hasta que se dore ligeramente.

PAN DE GRANO ENTERO

Porciones: 1

INGREDIENTES

- 750 g   Harina (harina), preferiblemente harina de 5 granos
- 1 litro   Mantequilla de leche
- 500 g   harina integral
- 250 gr Semillas mixtas, por ejemplo semillas de girasol, semillas de calabaza, semillas de lino, semillas de sésamo.
- 4 cucharaditas sal
- 200 gr Jarabe de remolacha
- 2 dados   levadura
- 150 ml Agua tibia

- Margarina, para el molde
- Avena, para la forma

PREPARACIÓN

Ponga la harina y el suero de leche junto con las semillas en un bol y déjelo en remojo durante aproximadamente 1 hora.

Disuelva la levadura en agua tibia y agréguela a la harina junto con todos los demás ingredientes. Mezclar bien con el gancho amasador.

Engrasar 2 moldes de pan (30 cm de largo) y espolvorearlos con copos de avena. Dividir la masa en ambas formas y espolvorear con copos de avena. Hornee a 180 ° C a fuego alto / bajo durante aprox. 70 minutos.

El pan se puede congelar muy fácilmente.

PAN INTEGRAL DE DELETE DE TIROL DEL SUR

Porciones: 2

INGREDIENTES

- 350 ml agua
- 2 cucharadas cariño
- 2 uds. Levadura seca
- 400 gr Harina de espelta, (harina de espelta integral)
- 100 g de harina de trigo (harina integral)
- 5 g de semillas de hinojo
- 2 g de semillas de comino
- 15 g sal
- 100 gramos Semillas de girasol y copos de avena o semillas de su elección

PREPARACIÓN

Para todo el pan de espelta, calentar el agua con la miel y mezclar con la levadura. Agrega el resto de los ingredientes a la mezcla de agua y amasa hasta formar una masa. Cubrir con un paño de cocina y dejar reposar aprox. 35 grados (unos 30 minutos).

Amasar nuevamente la masa, cortarla por la mitad y formar hogazas de pan. Cepille con agua tibia y espolvoree algunas semillas de girasol y copos de avena encima. Deja que suba de nuevo (unos 30 minutos). Hornee en un horno precalentado a 200 º durante unos 30 minutos.

Consejo:

También se pueden formar pequeños rollos de pasta de espelta integral. También se pueden utilizar otros tipos de harina o granos.

MOLIENDA DE PAN Y ROLLOS

Porciones: 1

INGREDIENTES

- 500 g   Harina (por ejemplo, tipo 550)
- 300 ml Agua tibia
- 9 g de sal
- 30 g de levadura

PREPARACIÓN

Desmenuza la levadura en trozos pequeños y ponla en un bol, agrega sal, agua y harina. Mezclar todo y amasar hasta obtener una masa elástica.

Tapar y dejar reposar en un lugar cálido (unos 25 grados) durante 30 minutos.

Amasar la masa brevemente nuevamente con las yemas de las manos sobre una superficie de trabajo espolvoreada con harina. Dividir la masa por la mitad y cortar una sección en cuatro trozos con el cartón.

Ahora "muele" el pan y los panecillos, es decir, dales forma. Para hacer esto, extienda las cuatro bolas de masa con las manos en un movimiento circular sobre la superficie de trabajo hasta que se cree tensión en la superficie, mientras que el movimiento giratorio crea una especie de espiral en la parte inferior.

Ahora forme la segunda mitad grande de la masa en un pan y colóquelo con la superficie tensa hacia abajo en una canasta de levadura o una bandeja para hornear y cubra nuevamente en un lugar cálido durante 30 minutos.

Después de media hora, voltea la masa de pan en una bandeja para hornear y córtala en rollos.

Precalentar el horno a 220 ° C y luego hornear los panecillos durante unos 20 minutos y el pan durante unos 30 minutos a 200 ° C arriba / abajo hasta que se doren.

Luego cubra con un paño de cocina y deje que se evapore sobre una rejilla.

¡Disfrute de su comida!

PAN DE CEBOLLA, QUESO Y JAMÓN

Porciones: 1

INGREDIENTES

- 500 g   Harina
- 20 g de levadura
- 1 cucharadita de sal
- 0,35 litros de agua mineral
- 100 gramos   Queso, picante, rallado
- 100 gramos   cubos de jamon
- 50 gramos   cebollas asadas

PREPARACIÓN

Precaliente el horno a 100 º C de temperatura superior / inferior.

Pon la harina en un bol.

Desmenuza la levadura fresca en una taza y agrega la sal. Revuelva hasta que la levadura esté líquida (la levadura reacciona a la sal, no es necesario agregar agua). Añadir a la harina con agua mineral a temperatura ambiente y queso rallado, jamón en dados y cebollas fritas. Amasar todos los ingredientes en una masa de levadura hasta que se desprenda del borde del bol, agregando un poco de harina o agua mineral si es necesario. Ahora tapa el bol con un paño y deja que la masa suba en el horno caliente durante unos 10 minutos. Luego saca el bol y calienta el horno a 200 º C.

Forme la masa en una hogaza redonda sobre una superficie enharinada y colóquela en una bandeja para hornear preparada. Coloque en el horno caliente (rejilla del medio) y cocine durante 50 minutos. Luego haz la prueba de golpe y déjalo enfriar en una parrilla.

Consejo: el pan también se puede hornear en una fuente para horno.

PAN SIMPLE

Porciones: 1

INGREDIENTES

- 500 g Harina (también mitad integral, mitad blanca)
- 350 ml agua
- 1 paquete   Levadura seca
- 1 cucharada   azúcar
- 1 cucharadita sal
- 2 cucharadas   petróleo
- Grasa para la forma

PREPARACIÓN

Mezclar todos los ingredientes y tapar y dejar crecer al doble. Amasar nuevamente bien y colocar en una sartén engrasada (yo también espolvoco encima el pan rallado). Deje reposar durante otros 20 minutos.

Cepille la parte superior con agua. Luego hornee en el horno precalentado durante aprox. 40-50 minutos a 220 ° C de calor superior / inferior.

PAN DE PESTO CON ALBAHACA

Porciones: 1

INGREDIENTES

Para pasta:

- 250 gr Harina
- 1 cucharadita sal
- 2 cucharaditas Levadura seca
- 160 ml Agua tibia

Para el pesto:

- 1 manojo Albahaca, hojas rasgadas, ca. 20 g

- 75 g   Nueces o semillas, por ejemplo, almendras, piñones
- ¼ de cucharadita   pimienta
- ½ cucharadita sal
- 2 cucharadas   agua
- 60 ml   aceite de oliva

PREPARACIÓN

Para el pan, poner la harina en un bol y agregar la sal por un lado y la levadura seca por el otro y mezclar suavemente. Vierta el agua tibia y amase con el gancho amasador durante unos 5 minutos hasta que se forme una masa suave. Cubre el bol con la masa y déjalo reposar durante al menos 1 hora hasta que la masa haya doblado su volumen.

Para el pesto, licúa todos los ingredientes excepto el aceite de oliva en una batidora planetaria o con una batidora de mano. Deja que el aceite fluya con el motor en marcha y licúa todo finamente.

Estirar la masa sobre la superficie de trabajo enharinada hasta formar una masa de aprox. Rectángulo 45 x 30 cm. Luego esparce uniformemente con el pesto, dejando un pequeño borde libre. Luego, enróllalo por el lado largo. Con un cuchillo afilado, corte el rodillo por la mitad en ambos lados hacia el centro. Gira las hebras de masa y coloca el pan en una bandeja para hornear forrada con papel pergamino.

Precalienta el horno a 190 ° C de temperatura superior e inferior. Cepille el pan con un poco de agua y hornee en la rejilla central del horno precalentado durante unos 25 minutos. Sacar y dejar enfriar un poco.

PAN BAJO EN COMBUSTIBLE CON SEMILLAS DE GIRASOL

Porciones: 1

INGREDIENTES

- 50 g de pipas de girasol
- 50 g de semillas de lino, trituradas
- 50 g de salvado de trigo
- 50 g de proteína en polvo, neutra (por ejemplo, disponible en farmacias)
- 2 huevos, tamaño M.
- 250 gr quark bajo en grasa
- 1 cucharadita colmada   Levadura en polvo
- 1 cucharadita de sal

PREPARACIÓN

Precalienta el horno a 200 ° C.

Mezclar los ingredientes secos, agregar el quark y los huevos y amasar una masa. Deje reposar la masa durante 10 minutos. Las semillas de lino se hincharán y la masa quedará un poco más firme.

Forme una hogaza y hornee durante unos 40 minutos. Solo uso papel pergamino en una rejilla de alambre.

Si lo desea, puede cortar el pan con un cuchillo antes de hornear, un poco más profundo, aproximadamente 1 cm, y espolvorear con semillas de girasol y si es necesario presionarlas un poco. Pero es solo por la apariencia.

Lo realmente bueno de la receta es que siempre funciona y es muy versátil. En lugar de semillas de girasol, también puede utilizar semillas de calabaza, nueces picadas, semillas de sésamo, una mezcla de semillas de lechuga, etc. Incluso lo cociné con 25 g de piñones y 25 g de tomates secos cortados en tiras. De hecho, puede usar casi cualquier tipo de semillas o nueces bajas en carbohidratos.

PAN INDIO NAAN

Porciones: 1

INGREDIENTES

- 500 g   Harina
- 150 ml Leche tibia
- 2 ½ cucharadas de azúcar
- 2 cucharaditas Levadura seca
- 1 cucharadita de levadura en polvo
- 2 cucharadas   Aceite vegetal
- 150 ml Yogur de leche entera, ligeramente batido
- 1 grande   Huevos, fáciles de batir
- sal
- harina para enrollar

PREPARACIÓN

Vierta la leche en un bol, incorpore 0.5 cucharadas de azúcar y la levadura. Déjalo reposar en un lugar cálido durante unos 20 minutos hasta que la levadura se haya disuelto y la mezcla se vuelva esponjosa.

Ponga la harina en un tazón grande, mezcle con 1/2 cucharadita de sal y levadura en polvo. Agrega 2 cucharadas de azúcar, leche con levadura disuelta, 2 cucharadas de aceite vegetal, yogur ligeramente batido y huevo ligeramente batido. Amasar todo durante unos buenos 10 minutos hasta obtener una masa suave y dúctil. Ponga 1/4 de cucharadita de aceite en un bol y enrolle la bola de masa. Cubre el recipiente con film transparente y déjalo reposar durante 1 hora en un lugar cálido para que se duplique.

Amasar nuevamente la masa, dividirla en 6 bolas de igual tamaño y cubrir con un paño.

Estirar la primera bola finamente con un poco de harina, en forma de gota o redondo.

Enciende la llama grande del horno de gas a máxima potencia y deja que una sartén para crepas u otra sartén grande forrada se caliente mucho (también puedes hacer esto sin grasa). Solo cuando la sartén esté muy caliente (yo uso un pan plano italiano) agregue el pan plano. Freír por un lado hasta que hierva. Luego, gírelo brevemente (tenga cuidado, ¡el naan puede quemarse fácilmente ahora!) Y dore brevemente el otro lado.

¡Servir caliente! Excelente con cualquier tipo de curry o con platos a base de salsa.

Las bolas terminadas también se pueden envolver en film transparente y congelar muy bien. Dejar descongelar de nuevo durante aprox. 1 hora. Aflojo el papel de aluminio y pongo las bolas en la estufa.

DELICIOSO PAN CON MANTEQUILLA, DELETEADO Y HARINA DE TRIGO

Porciones: 4

INGREDIENTES

- 250 gr Mantequilla de leche
- 250 gr agua
- 250 gr Harina de espelta (tipo 630)
- 300g Harina de trigo blando tipo 405
- 100 gramos avena
- 4 cucharaditas levadura natural
- 1 cucharada sal
- 2 cucharaditas Azúcar, posiblemente marrón
- 1 paquete Levadura seca

PREPARACIÓN

Primero, el suero de leche y el agua, la harina y todos los demás ingredientes se agregan a la panificadora y se amasan bien. Después de volver a amasar, se pone la masa en una cesta de pan, si está demasiado blanda, se puede amasar un poco más de harina. Ahí lo dejé ir de nuevo durante unos 15 minutos.

Horneé el pan a unos 250 ° C durante unos 10 minutos, luego la temperatura bajó a 180 ° C y el pan permanece en el horno durante unos 20 minutos. Para conseguir una buena costra vertí unos 150 ml de agua en el fondo del horno y en el fondo también puse un bol con agua. Al igual que con otros tipos de pan, es bueno cuando está dorado y cuando el fondo suena vacío.

El primer intento con queso crema y berros fue más que delicioso, y también sabe bien con queso, mermelada o lo que quieras para el desayuno.

Leí decenas de recetas, miré lo que había en el armario y en el frigorífico, cambié un poco todas las recetas y el resultado fue un pan realmente delicioso.

PAN MÁGICO SIN GLUTEN

Porciones: 1

INGREDIENTES

- 350 gr Mezcla de harina (mezcla de pan de Schär), sin gluten
- 100 gramos harina de trigo sarraceno
- 50 g Mezcla de harina (mezcla de harina oscura de Seitz), sin gluten
- 1 ½ cucharadita Sal del Himalaya o sal marina
- 50 g de semillas de lino, amarillas
- 50 g de sésamo
- 10 g de amaranto inflado
- 2 cucharadas Cáscaras de psyllium
- 1 cucharada semillas de chia
- 2 cucharadas vinagre de sidra de manzana
- 1 cucharadita, nivelada azúcar
- 1 cubo levadura
- 550 ml Agua tibia
- Algo de mantequilla para el moho

PREPARACIÓN

Desmenuza la levadura y disuélvela con el azúcar en el agua. Esto demora entre 5 y 8 minutos. Revuelva al final.

Mientras tanto, pese o mida todos los ingredientes secos restantes, colóquelos en un bol y mezcle. Vierta el vinagre de sidra de manzana y la mezcla de agua y levadura y mezcle bien en el procesador de alimentos durante al menos 10 minutos. Esto también es posible con la batidora de mano, pero es agotador. La masa aún debe estar pegajosa, pero un poco maleable; posiblemente agregue un poco más de agua, dependiendo del tipo de harina.

Luego, unte una sartén rectangular con mantequilla y coloque la masa, la divido en 2 mitades y formo panes pequeños, uno al lado del otro en el molde. Hornear, tapar con un paño y poner el horno a una temperatura máxima de 40 ° C. Dejar reposar durante 15 minutos.

Retirar el paño y rallar con un cuchillo aprox. 4 veces en 1 cm. Déjelo reposar en el horno y ponga el horno a 200 ° C de temperatura superior e inferior y el temporizador a 60 minutos. La puerta del horno debe permanecer encendida durante el tiempo de cocción. Pasados los 60 minutos, retira el pan del molde y hornea por otros 10 hasta un máximo de 15 minutos con la base hacia arriba. Dejar enfriar varias horas sobre una rejilla.

La masa de harina es muy importante para el sabor, especialmente con pan sin gluten. Con otras harinas, que también se pueden utilizar, el sabor obviamente será diferente. Los granos y las semillas se pueden intercambiar libremente, por ejemplo B. También son posibles semillas de cáñamo o girasol, semillas de calabaza o nueces.

PAN NAAN

Porciones: 1

INGREDIENTES

- 250 gr Harina (tipo 550 o harina de espelta tipo 630)
- 1 cucharadita de levadura seca con levadura en polvo
- Algo de sal
- 1 cucharadita de azucar
- 100 ml agua tibia
- 75 g Yogur
- 2 cucharadas petróleo
- 2 cucharadas Mantequilla clarificada
- Harina para la superficie de trabajo

PREPARACIÓN

Mezclar la harina, la levadura seca con la levadura en polvo, 1 cucharadita de sal y azúcar en un bol. Mezclar el yogur y el aceite, mezclar con la mezcla de harina. Vierta 100 ml de agua tibia. Amasar hasta que quede suave con el gancho amasador de la batidora de mano.

Cubre la masa y déjala reposar durante 3 horas (si tienes tiempo, aún más) hasta que el volumen de la masa se haya duplicado. Precalienta el horno y una bandeja para hornear a 260 º C.

Amasar la masa vigorosamente sobre la superficie de trabajo ligeramente enharinada y dividirla en 6 porciones iguales. Extiéndalos uno tras otro en tortas ovaladas (de unos 20 cm de largo). Pon 3 pasteles en una hoja de papel. Enrolle los pasteles sobre el papel pergamino en la sartén caliente y hornee en el centro del horno durante 6-8 minutos hasta que estén dorados.

Derretir la mantequilla clarificada. Coloca las focaccias en una rejilla para que se enfríen e inmediatamente úntalas con un poco de mantequilla clarificada. Cocine y cepille los bollos restantes de la misma manera. Es mejor servirlo fresco.

EL PAN VITAL DE DELFINA

Porciones: 1

INGREDIENTES

- 470 gramos   Levadura natural (levadura de centeno natural)
- 240 gr Harina de centeno, tipo 1150
- 170 gr Harina de trigo blando tipo 1050
- 250 gr agua
- 16 g   sal
- 10 g   levadura
- 50 gramos   Granos, (mezcla de base vital)

PREPARACIÓN

Mezcle todos los ingredientes en el procesador de alimentos con la batidora en espiral en el nivel 2 durante 6 minutos. Deje reposar tapado durante 10 minutos.

Coloque la masa sobre una superficie de trabajo enharinada, vuelva a amasar, luego trabaje en redondo y luego durante mucho tiempo. Colocar en una cesta de levadura, tapar y cocinar durante aprox. 1 hora.

Precaliente el horno (preferiblemente con una piedra para hornear) a 250 ° O / U. Incline con cuidado el pan sobre la piedra para hornear (puede deslizar el alfiler sobre el pan una vez si lo desea). Empuje con mucha franja. Hornee por 15 minutos, luego baje la temperatura a 200 ° y hornee por otros 40 minutos.

La mezcla básica vital consta de:

Pipas de girasol, pipas de calabaza, soja tostada y piñones

CONCLUSIÓN

La dieta del pan generalmente se considera adecuada para el uso diario. Porque no hay cambios importantes que realizar. Sin embargo, debe ceñirse a 5 comidas al día para que pueda comenzar a quemar grasa. Por tanto, el pronóstico de resistencia también es bastante bueno. La dieta del pan se puede hacer durante varias semanas sin dudarlo. La necesidad de contar calorías requiere una planificación cuidadosa de las comidas. Sin embargo, la dieta del pan no es unilateral, aunque solo sea por el hecho de que el almuerzo se come normalmente. La dieta del pan es solo para usuarios que pueden tomarse su tiempo para el desayuno y otras comidas. Porque la comida debe masticarse bien.

Que esta permitido, que esta prohibido

No está permitido untar mantequilla espesa sobre el pan durante la dieta del pan. Pero es mejor prescindir de mantequilla o margarina. La cubierta tampoco debe ser demasiado gruesa. Una rebanada de salchicha o pan de queso debería ser suficiente. Debe beber de 2 a 3 litros durante la dieta del pan, es decir, agua, té o jugos de frutas sin azúcar.

DEPORTE - ¿NECESARIO?

El ejercicio o el deporte regular no son el foco de una dieta de pan. Pero no es tan dañino hacer deporte como antes

Dietas similares

Al igual que en la dieta de la col, la col o la dieta basada en diferentes zumos de frutas, la dieta del pan se centra en el pan alimenticio.

COSTE DE LA DIETA

Con la dieta del pan no es necesario prever costos adicionales en comparación con los que se gastan en compras normales. El pan integral cuesta un poco más que el pan de harina blanca. Pero las diferencias no son tan grandes. Además, no es necesario comprar productos orgánicos por separado. Como ocurre con otras compras, solo hay que prestar atención a la frescura de la mercancía.

LO QUE ESTÁ PERMITIDO, LO QUE ESTÁ PROHIBIDO

No está permitido untar mantequilla espesa sobre el pan durante la dieta del pan. Pero es mejor prescindir de mantequilla o margarina. La cubierta tampoco debe ser demasiado gruesa. Una rebanada de salchicha o pan de queso debería ser suficiente. Debe beber de 2 a 3 litros durante la dieta del pan, es decir, agua, té o jugos de frutas sin azúcar.

La duración recomendada de la dieta del pan es de cuatro semanas. Pero también es posible ampliarlo. Debería perder alrededor de dos libras por semana.

Las raciones diarias constan de cinco comidas. Estos también deben respetarse para evitar la sensación de hambre.

Además, el organismo puede utilizar los valiosos nutrientes de manera óptima de esta manera. También es importante beber mucho.

Mediante la ingesta equilibrada de alimentos, la dieta del pan puede, con un aporte calórico adecuado, llevarse a cabo también para toda la familia. Al mismo tiempo, también tiene la ventaja de que los trabajadores también pueden usarlo fácilmente; la mayoría de las comidas se pueden preparar y luego llevar.

Si se hace de manera constante, es posible lograr una pérdida de peso de 2 a 3 libras por semana. En última instancia, la dieta del pan tiene como objetivo un cambio en la dieta hacia frutas y verduras y carbohidratos saludables y lejos de la carne y la grasa. La gran cantidad de fibra conduce a una sensación de saciedad duradera.

Lightning Source UK Ltd.
Milton Keynes UK
UKHW020844040621
384920UK00001B/14